Weitere Bücher von und über Arno Gruen bei Klett-Cotta

Der Fremde in uns
ISBN: 978-3-608-94282-8

Der Kampf um die Demokratie.
Der Extremismus, die Gewalt
und der Terror
ISBN: 978-3-608-94224-8

Verratene Liebe – falsche Götter
ISBN: 978-3-608-94904-9

»Ich will eine Welt ohne Kriege«
ISBN: 978-3-608-94250-7

Dem Leben entfremdet.
Warum wir wieder lernen müssen
zu empfinden
ISBN: 978-3-608-94746-5

Wider den Gehorsam
ISBN: 978-3-608-94891-2

ARNO GRUEN

Wider den Terrorismus

KLETT-COTTA

Der vorliegende Band ist die völlig veränderte und gekürzte Neuausgabe des Titels »Der Kampf um die Demokratie. Der Extremismus, die Gewalt und der Terror«, der im Jahr 2002 im Verlag Klett-Cotta erschienen ist.

Klett-Cotta
www.klett-cotta.de
© 2015 by J. G. Cotta'sche Buchhandlung
Nachfolger GmbH, gegr. 1659, Stuttgart
Alle Rechte vorbehalten
Printed in Germany
Umschlag: Rothfos & Gabler, Hamburg
Gesetzt von Kösel Media GmbH, Krugzell
Gedruckt und gebunden von CPI – Clausen & Bosse, Leck
ISBN 978-3-608-94900-1

Zweite Auflage, 2015

Bibliografische Information der Deutschen Nationalbibliothek
Die Deutsche Nationalbibliothek verzeichnet diese Publikation in der Deutschen Nationalbibliografie; detaillierte bibliografische Daten sind im Internet über <http://dnb.d-nb.de> abrufbar.

In Erinnerung an meinen Freund Henry Miller
und sein Buch »The Time of the Assassins«

»Wir leben vollkommen in der Vergangenheit,
ernähren uns von toten Gedanken, totem Glauben,
toten Wissenschaften. Und es ist die Vergangenheit,
die uns verschlingt, nicht die Zukunft.«
(Übersetzt von Arno Gruen)

INHALT

EINLEITUNG

»Wider den Terrorismus« ist die Überarbeitung meines Buches über Gewalt und Terror, das im Jahr 2002 bei Klett-Cotta erschienen ist. Die Frage, mit der wir konfrontiert sind, lautet: Wie konnte es geschehen, dass die Entstehung des Terrors und seine Bestimmung in der heutigen Zeit so sehr vernachlässigt wurden? Warum rätseln wir darüber, obwohl es doch klar ist, dass es Menschen, die im Kreislauf einer zerklüfteten Epoche von Aufstieg und Niedergang, von geschichtlichen Katastrophen leben, unmöglich wird, einen Sinn für ihr Leben zu finden? Weil solche Menschen keine liebenden Beziehungen erlebten, sind sie beherrscht vom Gedanken, nicht unterzugehen in einer Welt, die für sie von Feinden besiedelt ist. Sie sind aus diesen Gründen ohne echte Bindung an andere Menschen, suchen aber einen Sinn im Leben, indem sie sich Autoritäten unterwerfen, die ihnen versprechen, sie aus ihren Ohnmachtsgefühlen durch Gewalt zu retten.

DER TERRORISMUS KANN NICHT DURCH ARGUMENTE BEKÄMPFT WERDEN

Die Überlegungen zu diesem Buch begannen im Mai 2001. Ich wollte meine Erfahrungen mit dem Rechtsradikalismus zusammenfassen. Während des Schreibens wurde mir jedoch klar, dass ich ausführlicher auf die Entstehung von Gewalt eingehen musste. Die rechte Gewalt ist ja nur ein Aspekt des Problems.

Die Frage nach der Entstehung von Gewalt, die immer bedrohlichere Ausmaße annimmt.

Dann kam der 11. September. Mit einem Schlag wurde alles Lebendige durch eine überbordende Gewalt bedroht. Wir schienen plötzlich eingeholt zu werden von den Rückwirkungen einer Welt, die Menschen ausbeutet, ihren Leiden und Schmerzen gleichgültig gegenübersteht und sie als schwach diffamiert.

Gewiss: Gewalt ist nicht neu. Sie ist Bestandteil dessen, was alle »großen Zivilisationen« heranzüchten, weil ihre Basis Herrschaft und Besitz sind. Damit gehen die Verachtung menschlicher Werte, die Verachtung des Weiblichen und der Kindheit unserer Kinder einher. Die technischen Entwicklungen dieser Zivilisationen machen es jedoch auf einmal möglich, dass nur wenige Menschen die Welt im Namen Gottes der Zerstörung preisgeben und den Tod als Sieg zelebrieren können.

Dieses Ausmaß an Gewalt droht den Verlust unserer eigenen Bedeutung hervorzubringen. Die Leere in uns wird damit entweder zur Quelle einer allgemeinen Apathie und Depression, oder sie droht, in noch mehr Gewalt auszuufern. Denn für viele führt diese innere Leere zu einem Zustand der Bedeutungslosigkeit, von der sie durch eine Identifikation mit halluzinierter Größe erlöst zu werden hoffen. Wir können diesem Nichts und einem dem Tod verschworenen Radikalismus nur entgegentreten, wenn wir die tieferen Wurzeln dieser ungeistigen Entwicklung aufdecken.

Gewalt bedroht unser Menschsein.

Sophie und Hans Scholl verstanden, wie der Betrug am Menschen durch scheinbar geistige Argumente verdeckt wird. Sie erkannten, dass man einer Entwicklung, die durch und durch ungeistig ist, nicht mit geistigen Argumenten beikommen kann und darf. Die Sprache der Radikalen, die von Krieg und Vergeltung, von Idealen und Nationalem spricht, mag sich geistig gesund anhören. In ihrer Ignoranz gegenüber Ohnmacht, Elend und Demütigung ist sie jedoch völlig von der Realität menschlicher Gefühle und Bedürf-

nisse abgetrennt. Sie fördert einzig Macht *Die wirklichen* und Größe, die die Grundlage unserer *Bedürfnisse* Zivilisationen bilden und deren Auswir- *der Menschen* kungen wir uns endlich stellen müssen. *anerkennen.*
Terror und Gewalt sind nur dann Einhalt zu gebie-ten, wenn die wirklichen Bedürfnisse der Menschen anerkannt werden, wenn wirkliches Elend, wirkliche Armut sowie die Ausgrenzung und Entwürdigung ganzer Bevölkerungsgruppen unterbunden werden. Nur so kann es uns möglich werden, das Leben, das lebendig, authentisch und demokratisch ist, aufrecht-zuerhalten.

DER TERRORISMUS

Terrorismus gab es schon immer, weil unsere Zivilisation ihn fördert. Terrorismus entsteht aus dem Hass auf das Eigene, weil unsere Kultur uns dazu bringt, unsere Menschlichkeit als Schwäche zu erleben und sie deshalb verwirft.

Schon die Terroranschläge vom 11. September 2001 und die damit verbundene Ermordung mehrerer Tausend Menschen machten deutlich, dass es unter uns Menschen gibt, die das Leben verachten und sich dem Tode verschworen haben. Die Anschläge waren kein Indiz dafür, dass wir es plötzlich mit einer größeren Anzahl solcher Gewalttäter zu tun haben. Es gab diese Menschen schon immer. Ihre Sehnsucht nach Tod und Zerstörung offenbarte sich im antiken Rom genauso wie in den Naziverbrechen und anderen Massakern der Neuzeit, im Kongo, in Mexiko, im ehemaligen Jugoslawien.

Gewalt gab es schon immer, aber die Hemmschwelle für Gewalt sinkt immer mehr ...

Dramatisch ist jedoch, dass die Terroranschläge in New York, Washington, Boston, Madrid, London und Paris schlagartig die Hemmschwelle für Gewalt gesenkt haben. Jetzt ist alles möglich. Nicht nur, weil es plötzlich so viel mehr denkbare Möglichkeiten gibt, Tod über die Menschheit zu bringen. Erschreckend ist vor allem, dass die Selbstinszenierung der Gewalt ein so gigantisches Ausmaß angenommen hat.

Schon Walter Benjamin wies darauf hin, dass Hitler sich und seinen Größenwahn dem deutschen Volk als ein Theaterspektakel verkaufte. Benjamin erkannte, dass der Faschismus die Ideologie nur benutzte, tatsächlich aber keine Ideologie war. Vielmehr ging es darum, dem Volk durch eine Inszenierung von Posen, die Herrschaft oder Pflicht und Gehorsam ausdrückten, eine Identität zu geben. Menschen, die über keine wirkliche Identität verfügen, brauchen das politische Spektakel, um sich vollständig und intakt zu fühlen. Den eigentlichen Kern jeglichen Terrorismus bildet die Pose eines Herrenvolkes.

Eine Ideologie will Identität geben, wo keine ist.

Dahinter steht eine innere Leere, die ihre Ursache darin hat, dass sich keine Identität bilden konnte, die im Mitgefühl für den anderen wurzelt. Wenn ein solches Fundament fehlt, entsteht eine Identitätsstruktur, die nur auf Identifikation mit Autoritäten und auf Gehorsamkeit beruht und die Entwicklung einer wirklich eigenen Identität verhindert. Das, was das Eigene hätte sein können, wird gehasst, weil die erziehenden Autoritäten es abgelehnt haben und das Kind dazu ver-

Den Selbsthass auf andere projizieren

dammt war, es als fremd abzuspalten. Die Leere, die solche Menschen empfinden, macht sie mehr als andere empfänglich für die Inszenierung von Spektakeln, weil diese ihnen das Gefühl geben, mit Stärke und Macht vereint zu sein.

Der englische Psychoanalytiker Donald Winnicott beschrieb solche Menschen als krank und unreif, da ihre Identifikation mit strafenden Autoritäten die Selbstentdeckung, also eine eigene Identität, verhindert. Es gibt keine Selbstbestimmung, sondern nur eine Vermassungstendenz, die sich gegen Individualität richtet. Es fehlt ihnen an Ganzheitlichkeit. Sie können innere Konflikte nur außerhalb ihrer selbst lokalisieren. Ihre Ängste und Hassgefühle bekommen sie nur in den Griff, indem sie sie auf äußere »Feinde« projizieren. Indem sie andere töten, projizieren sie diesen Selbsthass.

Durch die Medien bekommen solche Attentäter ein großes Publikum für ihren Tod. Auf diese Weise wird ihr Tun zu einem gigantischen öffentlichen Spektakel, das ihnen das Gefühl verleiht, großartig und lebendig zu sein, wobei der eigene nahende Tod gar nicht mehr wahrgenommen wird. Die Gewalt und ihre spektakuläre Inszenierung werden zum Lebenszweck, das Leben selbst wird dabei aber genauso verleugnet und verneint wie der Tod. Sie sind also von sich selbst abgespalten, um den Tod als Leben insze-

Medien eröffnen Attentätern eine große Öffentlichkeit für ihre Gewalt und ihren Tod.

nieren zu können. Es ist diese Selbstzerstörung, die allen terroristischen Akten gemeinsam ist. Wir neigen dazu, ihre Ideologie als die Motivation zu interpretieren, weil wir unser Tun mit rationalen Beweggründen erklären. So führen wir jedoch nur uns selbst an der Nase herum, um nicht zu erkennen, dass es nicht um abstrakte Gedanken geht, sondern um Todessehnsüchte, die einem leeren Selbst dazu dienen, vor dieser Leere davonzulaufen. Die in unserer Kultur übliche Betonung der Intellektualität verführt uns und verneint dabei, dass sie eine Trennung von Gefühlen bewirkt.

Immer wieder haben Intellektuelle jene unterstützt, die sich dem Tode verschrieben hatten, indem sie deren Ideologien als Heilsversprechen ausgaben, ohne die enthaltenen Todesziele zu erkennen. Sie missbrauchten die Ideologie – wie der Islamische Staat (IS) –, um ihre Morde als moralische Erneuerung zu legitimieren. Die tödliche Motivation kommt aber vor der Ideologie. Diese soll nur die wahren Antriebskräfte verschleiern; die Ideologie ist niemals selbst Motivation.

Die tödliche Motivation und die heldische Selbstzerstörung sind bereits vor der Ideologie vorhanden.

In seinem Buch »Road to Revolution« legte Abraham Yarmolinski eine Studie über russische Terroristen im 19. Jahrhundert vor. Darin wies er nach, wie sehr sich diese einer abstrakten Ideologie unterwarfen, um durch Gewalt und Terror ihre innere Leere auszufüllen. Obwohl sie vorgaben, für die Gerechtigkeit zu kämpfen, ging es ihnen darum, ein verlorengegangenes Selbst zu ersetzen. Sie fühlten sich lebendig, wenn sie mit dem Leben anderer Menschen spielen konnten. Das Gefühl der Omnipotenz, das ihnen der Terrorismus gab, ließ sie ihr Gefühl der Schwäche, das aus ihrem eigenen Opfersein aufstieg, *Mit einer abstrakten Ideologie die innere Leere füllen.*

verneinen. Darin liegt das Problem: Die Identifikation mit den Mächtigen verhindert die Entfaltung eines eigenen Selbst und dadurch die Entwicklung wahrer Selbstbestimmung und Verantwortung. Die Ideologie, unter deren Banner die Mordtaten ausgeführt werden, verschleiert dabei die Unterwerfung unter die Macht. Die geistige Verarbeitung des Geschehens, die Ideologie der Terroristen, hat mit der grundsätzlichen Motivation nichts zu tun. Es ist die Lust am Untergang, die im Kern den wahren Beweggrund bildet. Es gibt einen Todestrieb, dieser ist jedoch nicht, wie Freud meinte, angeboren. Seine Existenz ist von Sozialisationsprozessen abhängig, die eigene Wahrnehmungen und Gefühle verhindern.

Unsere politischen Führer predigen Vergeltung und sind nicht in der Lage, die wahren Ursachen dieser Krankheit der Gewalttätigkeit und Todessucht zu durchschauen. Im Gegenteil: Genauso wie den terroristischen Attentätern fällt ihnen nur das Töten als Lösung ein. *Die Vermittlung falscher Werte.*

Es schmerzt uns, was in der Welt geschieht. Leider glauben viele, dass nur Mittel, die noch mehr Schmerz verursachen, die Welt retten können. Solche Menschen sind die Spiegelbilder derjenigen, die uns durch Terrorakte in Angst und Schrecken versetzen. Auch sie brauchen Feindbilder, um ihr eigenes Persönlichkeitsgefüge aufrechtzuerhalten. Das Ergebnis ist ein sich durch immer mehr Gewalt aufschaukelnder Prozess, der nur in einer Apokalypse enden kann. Es stellt sich die Frage, wie wir diesen mörderischen Kreislauf, der beiderseitig im Namen der Selbsterhaltung vorwärtsgetrieben wird, bremsen können. Nur die Frage nach unserem Menschsein kann uns einer Lösung näherbringen.

Das Bedürfnis nach Feindbildern, die Spiegelbilder der Terrorakte sind.

DAS MORDEN

Wir fürchten die Todessucht der Terroristen. Wir versuchen, diese zu verstehen, und glauben, dass das, was wir als ihre Verzweiflung wahrnehmen, vergleichbar ist mit unserer eigenen Verzweiflung, wenn wir auf andere wütend werden. Es ist wichtig, zu erkennen, dass hier ein gewaltiger Unterschied besteht zwischen Wut und zerstörerischen Gedanken einerseits und einem tatsächlichen Tötungsakt. Viele von uns haben Probleme, die eigenen aggressiven Impulse richtig einzuschätzen. Manche Menschen fürchten sich so sehr davor, dass sie glauben, sterben zu müssen, wenn sie Hass in sich verspüren. Sie glauben, dass es allen Menschen so geht, und halten sich selbst für potentielle Mörder, sobald sie Aggressionen empfinden. Es ist jedoch etwas ganz anderes, tödliche Gedanken zu haben als tödlich zu handeln.

Morden heißt immer, dass der andere als Unmensch gesehen wird und deshalb getötet werden darf.

Es gibt auch Menschen, die es als Schwäche empfinden, wenn sie ihre Wut nicht in aggressives Verhalten umsetzen. Ein Patient sagte einmal, er käme sich feige vor, weil er einen inneren Widerstand gegen Gewalt habe. Sein Wertmaßstab war die kulturelle Idealisierung des starken Helden. Er merkte gar nicht, dass es seine Sensibilität und nicht seine »Feigheit« oder »Schwäche« war, die ihn von Gewalt fernhielt. Solche Menschen können sich gar nicht vorstellen, dass es andere gibt, denen es um den Akt des Tötens selbst geht, die von dem tiefen Wunsch angetrieben sind, andere zu demütigen und deren menschliche Würde zu zerstören.

Zwischen Menschen, die hin und wieder das Gefühl haben, aus Wut jemanden töten zu können, und solchen, die tatsächlich töten, klafft ein Abgrund. Morden heißt immer, dass der andere als Unmensch gesehen wird und deshalb getötet werden darf. Der andere ist weniger, deshalb kann man ihn umbringen. Nur Menschen, denen ein wahres Mitgefühl für das Lebendige in sich und in anderen Menschen fehlt, können tatsächlich töten. Die Identifikation mit der Macht, die einen unterdrückt, verhindert die Entfaltung des eigenen Selbst. Die Ideologie, unter deren Banner gekämpft wird, verschleiert sowohl die Unterwerfung als auch die eigene Feigheit und die Angst vor dem eigenen Mitgefühl, denn dieses würde solche Menschen in Konflikt mit ihren Autoritäten bringen. Es ist ihre Feigheit, die sie so erbarmungslos macht.

In »Die Last des Erinnerns« beschreibt Wole Soyinka am Beispiel Afrikas, dass viele Herr ihrer selbst sein möchten, dies ihnen jedoch kaum möglich ist, wenn ein Mensch nie Herr seiner eigenen Existenz war, wenn er sein Schicksal nie selbst bestimmt hat. Solche Menschen glauben, dass sie ihr Leben dadurch in den Griff bekommen, dass sie über das Leben anderer verfügen, indem sie diese demütigen und töten. Diese Allmachtsphantasien bringen die Terroristen hervor. In Wahrheit sind es jedoch diese Menschen, die, wie Soyinka es ausdrückt, ständig Bücklinge machen, also Feiglinge sind. Sie sind es, die sich in blindem Gehorsam Autoritäten unterworfen haben, sich selbst zu Sklaven gemacht haben, sich aber frei glauben, weil sie die Macht haben, einem anderen das Leben zu nehmen.

»Ich nahm ein Leben, weil ich es brauchte.«

Ein psychotischer Mörder, der im englischen Gefängnis von Broadmoor einsaß, beschrieb dieses »In-Besitz-Nehmen« eines anderen, als er über seine Tat sprach: »Ich nahm ein Leben, weil ich es brauchte.« Er selbst war innerlich tot, weil er nichts Lebendiges in sich spürte, nicht einmal seinen Schmerz. Er musste über das Leben eines anderen als Besitz verfügen, weil Besitz in unserer Gesellschaft als Schlüssel zum Leben gilt. So agiert auch jeder Terrorist: Durch das Besitzergreifen kann er wahnhaft phantasieren, sein eigenes Leben im Griff zu haben (Arno Gruen 2000).

DAS OPFERSEIN

In der Diskussion über Radikalismus und Terrorismus wird immer wieder gesagt, dass es die materielle Not sei, die solche Menschen zu ihren Taten treibt. Aber sie sind nicht die Verdammten, von denen Frantz Fanon sprach. Solche Menschen stehen häufig nicht unter dem Druck materieller Not. Ihr Druck kommt woanders her: Sie fühlen sich als Opfer – was sie ja auch sind; sie erkennen jedoch nicht ihr inneres Opfer, sondern glauben, es in dem Fremden außerhalb ihrer selbst zu finden, um dann diesen und sich selbst zu töten. Ich möchte Robert Musil zitieren, der dies mit dem Satz ausdrückte: »Man lebt sein politisches Leben wie ein ... Heldenepos, weil das Heldentum die unpersönlichste Form des Handelns ist.« Diese Menschen sind gefühl- und beziehungslos, doch ihr Rollenspiel und ihre Simulation von Menschlichkeit trüben unseren Blick.

Luigi Lucheni, der am 10. September 1898 die österreichische Kaiserin in Genf ermordete, sprach davon,

»Man lebt sein politisches Leben wie ein ... Heldenepos, weil das Heldentum die unpersönlichste Form des Handelns ist.« Robert Musil

dass er gerne jemanden töten würde, es müsse aber »eine sehr bekannte Persönlichkeit sein, damit man in den Zeitungen darüber lesen kann«. Soyinka sagt, dass Gewalt gegen ein Mitglied der menschlichen Gesellschaft immer ein Gewaltakt gegen die gesamte Menschheit ist. Erst wenn wir dies erkennen, erkennen wir auch die Verantwortungslosigkeit und die Würdelosigkeit solcher Menschen. Auch Simone Weil sah es klar, als sie schrieb: Es sind die scheinbaren politischen »Realisten«, die nicht erkennen, dass Gewalt in menschlichen Beziehungen immer beide, den Täter wie sein Opfer, entwürdigt.

Wo Hass zum generellen Antrieb eines Menschen wird, hat das Opfersein noch eine weitere, tiefere Grundlage. Ronald Sampson beschrieb in *Die fatale Verwechslung von Liebe und Verwöhnung* einer frühen Studie über das Phänomen der Macht, wie Mütter in einer von Männern dominierten Welt ihre Kinder dazu benutzen, um ihren eigenen, in seiner Entfaltung behinderten Ehrgeiz durchzusetzen. Durch diese Verstrickung bleiben Kinder, vor allem die Söhne, an die Mutter gebunden.

Aus klinischen Erfahrungen wissen wir, dass Verwöhnung generell zu einer Abhängigkeit der Kinder von ihren Eltern führt. Verwöhnung hat nichts mit Liebe zu tun, auch wenn beides oft gleichgesetzt wird. Das Gegenteil ist der Fall: Liebe respektiert die Eigenständigkeit des Kindes und führt deshalb zu einer freien, eigenständigen Persönlichkeit. Bei Verwöhnung dagegen kommt das Verhältnis zur Mutter einer Leibeigenschaft gleich, was in dem Kind einen tiefen Terror hervorruft. Die Folge ist jener Hass, den solche Kinder meistens auch noch als Erwachsene gegenüber der Mutter hegen. Die Quelle dieses Hasses ist der Terror, der mit der Mutter als erster und wichtigster Bezugsperson erlebt wurde.

Hier liegt der eigentliche Grund dafür, warum sich Winnicott zufolge Männer und Frauen einem Demagogen ergeben. Die Unterwerfung rettet sie vor der unbewusst gefürchteten allmächtigen Mutter. Bei Männern führt die Idealisierung eines Führers wohl automatisch dazu, dass die Mutter nicht mehr als Angstquelle erlebt und auch nicht mehr als solche erkannt wird.

Osama bin Laden war geprägt von einer verwöhnenden Mutter und einem dominanten, autokratischen Vater.

Dieser psychische Prozess ist wohl auch die Ursache für die Anziehungskraft terroristischer Führer wie Osama bin Laden, von dem bekannt ist, dass seine Kindheit und Jugend von einer verwöhnenden Mutter und einem dominanten, autokratischen Vater geprägt waren. Solche Männer schüren die Frauenfeindlichkeit und verkehren so die tiefe Angst ihrer Anhänger vor der Mutter in ihr Gegenteil – in einen Hass auf Frauen. Männer, die sich solchen Führern ergeben, können auf diese Weise ihren inneren Terror verleugnen und sich dadurch in ihrer Macho-Männlichkeit bestätigt fühlen. Sie verschleiern so ihre Verzweiflung und ihre Hilflosigkeit. Viele dieser Männer kultivieren ein göttlich-madonnenhaftes Mutterbild. Gleichzeitig aber verachten sie Mütter, sie erniedrigen und vergewaltigen Frauen, weil diese nicht die Göttlichkeit besitzen, die sie ihnen in ihrer Phantasie zuschreiben.

In einem Artikel schrieb der englische Schriftsteller John Le Carré: »Die inszenierten Fernsehbilder und Fotos von bin Laden lassen einen homoerotischen Narziss vermuten, ... mit jeder selbstverliebten Geste vermittelt er das Kamerabewusstsein eines Schauspielers. Er ist hochgewachsen, sieht gut aus, besitzt Gewandtheit, Intelligenz und Anziehungskraft ... Noch bemerkenswerter erscheint mir aber seine kaum gezügelte männliche Eitelkeit, sein Drang zur Selbstdramatisierung und seine heimliche Leidenschaft, im Rampenlicht zu stehen.«

Genauso wie bei Hitler geht es um die theatralische Pose, die für Menschen ohne eigene Identität unwiderstehlich ist. Denn die Pose kommt ihrer Suche nach Stärke entgegen. Sie glauben, dieser Stärke habhaft zu werden, indem sie sich mit jemandem identifizieren, der ihnen diese Stärke als Pose vorführt. Vergleichbar mit Hitler, der sich dem Volk mit dramatischen Selbstinszenierungen verkaufte, ist auch hier gleichzeitig der »Terror selbst ein Theater«, wie

»Terror selbst ist ein Theater.«
John Le Carré

es ein palästinensischer Aufrührer einmal zu Le Carré in Beirut sagte. Die Verführungskraft dieser dem Tode verschriebenen Poseure wirkt besonders auf Menschen, die sich selbst nicht mögen und keinen Sinn im Leben finden können.

Ein Korrespondent des Fernsehsenders NBC interviewte Samir Toubasi, nachdem dieser verhaftet worden war, als er in der israelischen Stadt Haifa einen an seinem Körper befestigten Sprengsatz zünden wollte. Dabei sagte der 18-jährige Aktivist des islamischen Dschihad: »Ich fühlte, dass mein Leben sinnlos ist. Ich wollte sterben.« Auf die Frage, was es denn für ihn bedeutet hätte, wenn die Bombe explodiert wäre, antwortete er: »Ich glaube, die Leute hätten mich nicht vergessen.« Bei diesen identitätslosen Menschen füllt das Selbstmord-Attentat die innere Leere aus. Ähnliches berichtete die Zeitschrift »GEO« auch von den Selbstmord-Attentätern der tamilischen Terrorgruppe LTTE auf Sri Lanka: »Sie haben die Gewissheit, dass sie posthum zu Volkshelden erklärt werden ...«

DIE PATHOLOGIE DER
MACHO-MÄNNLICHKEIT

Im Dezember 1998 gab Osama bin Laden dem Fernsehsender al-Jazeera ein Interview, in dem er sagte: »Unsere Brüder, die in Somalia kämpften, wunderten sich über die Schwäche, die Kraftlosigkeit und die Feigheit der US-Soldaten ... Wir glauben, wir sind Männer, muslimische Männer, die die Ehre haben müssen, (Mekka) zu verteidigen. Wir wollen keine amerikanischen Weiber-Soldaten, die (Mekka) verteidigen. Die Herrscher dieser Gegend haben ihre Männlichkeit verloren. Und sie glauben, dass das Volk Weiber sind.« Deutlicher kann man die Verunglimpfung der Frau und die gleichzeitige Verherrlichung eines Männermythos der Stärke und der Größe kaum ausdrücken. Der Feind ist weiblich, und man selbst ist das idealisierte Bild des starken, großartigen Mannes. Natürlich verbergen sich hinter dieser Haltung kindliche Ohnmachtsgefühle und der innere Terror, der mit den erziehenden Autoritäten erlebt

Die Ohnmacht führt zu grandiosen Machtphantasien und erbarmungslos destruktiver Gewalt: Das ist die wahre Motivation des Islamischen Staates (IS) und der Taliban-Krieger.

wurde. Diese alten Empfindungen werden jedoch erst durch aktuelle Demütigungen wieder erweckt, durch Gefühle von Wertlosigkeit und Hoffnungslosigkeit, die Hunderte Millionen unterdrückter Menschen in der Welt miteinander teilen. Dort, wo die frühe Kindheit in besonders starkem Ausmaß als terrorisierend erlebt wurde, führt die alte Ohnmacht zu grandiosen Machtphantasien und einer erbarmungslos destruktiven Gewalt.

Das ist auch die wahre Motivation des Islamischen Staates (IS) und der Taliban-Krieger, die in dem Glauben an eine übergroße Macht ihren einzigen Halt finden. Dieser gibt ihrem Leben *Die wahre* eine Bedeutung und schafft zugleich die *Motivation des* Möglichkeit, Frauen zu verachten und zu *Islamischen Staates* entwürdigen. So wird der Samen für die *(IS) und der* Entwicklung selbstmörderischer Terroris- *Taliban-Krieger* ten gelegt. Man darf dabei jedoch nicht vergessen, dass die Auslöser, die das innere Opfer als Quelle der tödlichen Gewalt wecken, jene gesellschaftlichen und ökonomischen Prozesse sind, die Menschen ihre Würde und persönliche Bedeutung nehmen. Der eigentliche Feind, den wir bekämpfen müssen und bekämpfen können, ist die Zerstörung gesellschaftlicher Zusammenhänge durch ein wirtschaftliches Primat, das sich ausschließlich an Profit und Wettbewerb orientiert. Wenn ganze Bevölkerungsgruppen von einem Leben ausgegrenzt werden, das ihnen Würde und Bedeutung gibt, dann wird dadurch der Hass auf das innere Opfer geweckt und nach außen projiziert. Bei Selbstmord-terroristen spielen noch andere Faktoren eine Rolle: Zum einen gibt ihnen die Gruppe, der sie angehören, jene Bedeutung, nach der sie sich sehnen. Einmal Mit-glied einer solchen Gruppe, wird außerdem der Zwang, vor den Kameraden nicht als Feigling dazustehen, zur Verstärkung ihrer »Helden«-Bindung.

SELBSTMORDATTENTAT
UND RELIGION

Man fragt sich, wem diese Selbstmordterroristen eigentlich näher stehen, im Hinblick auf ihre religiöse Gläubigkeit. Bei dieser Religiosität geht es um eine extreme Verschmelzung mit einer übermenschlichen Instanz, ähnlich wie bei den japanischen Kamikaze-Piloten, für die der Gott, für den sie sich opferten, auch gleichzeitig der lebende Kaiser war. Kern dieses psychischen Vorgangs ist die Vereinigung mit einem grandiosen Wesen, dessen vermeintlich überdimensionale Kraft neues Leben verspricht.

Wir propagieren Größe, Besitz und Erfolg als höchstes Ziel unseres Seins und glauben sogar, dass diese Werte unserer Selbsterhaltung dienen.

Dieses idealisierte Wesen gilt in der Regel als männlich. Man kann jedoch davon ausgehen, dass es sich bei dieser phantasierten Kraft um die Schöpfungskraft des Mutterbildes handelt. Aus ihrem Schoß werden wir alle geboren, sie ist die Quelle des Lebens. Die Frage ist also, ob der bestimmende Faktor im Leben dieser selbstmörderischen Attentäter nicht in dem unlösbaren Konflikt zu suchen ist, den ein Kind mit einer einerseits verwöhnenden, gleichzeitig aber auch verschlingenden Mutter erlebt. Dieser Zwiespalt entsteht, weil dieses Verwöhnen einerseits verführerisch und attraktiv für das Kind ist, andererseits aber auch seine Eigenständigkeit bedroht, da es die seelischen Grenzen des kindlichen Selbst durch die Inbesitznahme vonseiten der Mutter auflöst. Die selbstmörderischen Terroristen haben eine Muttergeschichte, die in das Muster der bereits erwähnten Studie von Ronald Sampson passt: Es geht um verwöhnende Mütter, die in einer Männerwelt unterdrückt und verachtet werden, denen weder Ehrgeiz noch Kreativität zugestanden werden und die deshalb bestrebt sind, ihre eigenen Bedürfnisse nach Selbstbestimmung und Anerkennung durch ihre Kinder zu verwirklichen.

Der Zwiespalt zwischen Verwöhnung und Eigenständigkeit

Unsere Kultur propagiert Größe, Besitz und Erfolg im wirtschaftlichen Wettbewerb als höchstes Ziel unseres Seins. Mehr noch: Wir glauben sogar, dass diese Werte unserer Selbsterhaltung dienen. Dabei ist es genau umgekehrt: Der blinde Glaube an Macht, Erfolg und Überlegenheit untergräbt in Wahrheit unsere Fähigkeiten zur Selbsterhaltung. Dafür gibt es viele Indizien: die große Anzahl von Drogen- und Alkoholsüchtigen, die steigende Rate von frühen Herzinfarkten und Krebserkrankungen, die zunehmende Gewalt, unsere immer größere Unfähigkeit zur menschlichen

Nähe. Eine Gesellschaft, die ihre Kinder dazu benutzt, um sich erfolgreich zu fühlen, kann nicht lebensfähig sein. In den Schulen werden unsere Kinder dazu angetrieben, sich anderen überlegen zu fühlen, schon früh lernen sie, dass es ihnen nützt, andere mit Füßen zu treten (Jules Henry).

WAS TUN?

Das Problem im Umgang mit Gewalt ist das innere Opfer, das nicht als solches erkannt werden kann, weil dies der kulturell vorgegebenen Sichtweise, dass Autoritäten als gut geliebt werden müssen, widerspricht. Dieses innere Opfer »schläft«, solange das gesellschaftliche Umfeld es solchen Menschen einigermaßen möglich macht, sich zurechtzufinden, so dass ihre Bedürfnisse nach Anerkennung, Wärme und sozialem Kontakt befriedigt werden. Wenn diese Strukturen jedoch durch gesellschaftliche Veränderungen, wirtschaftliche Nöte durch Arbeitsplatzverlust oder das Auflösen sozialer Strukturen auseinanderbrechen, sind auch solche Menschen davon bedroht, den Anforderungen nicht standzuhalten und zusammenzubrechen, weil Angst und Spannungen unerträglich werden.

Das innere Opfer »schläft« nur, aber es ist nicht überwunden.

Ist es aber soweit gekommen, erwacht das innere Opfer und bringt solche Menschen dazu, auf Veränderungen in ihrem Leben mit Hass und Aggression zu reagieren. Dies geschieht jedoch nur, wenn sie den

Glauben an die politisch Herrschenden verlieren. Wenn dieser subjektiv erlebte Glauben zu zerbersten droht, erhöht sich das Potential zur Gewalttätigkeit. Die Regierenden demokratischer Gesellschaften können dem entgegenwirken, vorausgesetzt, sie sind sich der Bedürfnisse und der Not dieser Bürger bewusst. In der Realität sieht es aber meistens so aus, dass solche Situationen von politischen Führern ausgenutzt werden, die in ihrem Menschsein geschädigt sind und das innere Opfer eines Großteils der Bevölkerung für ihre eigene Macht missbrauchen.

Politische Führer nutzen das innere Opfer eines Großteils der Bevölkerung für ihre eigene Macht aus.

Dies geschieht, indem ein äußerer Feind etabliert wird, auf den sich die ganze Wut, die Aggression und der Selbsthass entladen können. Wenn aber demokratische Führer sich dieser Möglichkeit bedienen, dann ist es um die Demokratie schlecht bestellt, denn sie werden nie so verheerende Feindbilder anbieten wie die Extremen auf der rechten oder linken Seite. Die Terroristen sind in dieser ganzen Misere nur ein Aspekt. Sie tragen dazu bei, dass Feindbilder verfestigt werden, indem sie ihre Opfer zu Tätern stempeln, wodurch diese für den Tod aller verantwortlich gemacht werden.

DAS EIGENTLICHE PROBLEM

Unser heutiges Problem, dessen Entwicklung bereits von Marx diagnostiziert wurde, ist die Globalisierung, die über die Bedürfnisse der Menschen hinweggeht und ihnen ihre wirtschaftlichen und persönlichen Grundlagen nimmt. Dadurch wird das innere Opfersein geweckt. Die ökonomische Globalisierung und die Kapitalkonzentrationen zerstören den sozialen Zusammenhalt. Wo sie in Erscheinung treten, verstärken sie die wirtschaftliche Ungleichheit, die in dem Maße zunimmt, wie sich die Vorherrschaft der Märkte ungehindert ausbreitet. Diese aus der Globalisierung resultierende Zerstörung der sozialen Zusammenhänge wirkt deshalb so tödlich, weil die Akteure dieses Prozesses, die Wirtschaftsführer, wie C. W. Mills es beschreibt, ihren eigenen Zusammenhalt verloren haben. Sie sind nicht in der Lage, die Auswirkungen ihres zerstörerischen Handelns auf ihre eigenen Bedürfnisse beziehungsweise auf die ihrer Mitmenschen zu erkennen. Zu sehr sind sie von ihrer eigenen Größe und

Wie die Globalisierung das innere Opfersein weckt.

Die meisten Politiker sind Handlanger der Globalisierung.

Macht geblendet, zu sehr sind sie durch die Vorstellung von Größe und Macht als Ersatz für wahre menschliche Beziehungen geformt. Kaum ein Politiker ist heute noch bereit, für die Bedürfnisse der Menschen zu kämpfen, denn das hieße, sich gegen diese wirtschaftlichen Mächte zu stellen, deren Entwicklung eine Eigendynamik hat, weil Wachstum zum einzigen und letzten Ziel geworden ist. In diesem Prozess sind die meisten Politiker zu Handlangern der Globalisierung geworden. Auf diese Weise spielen sie den Terroristen in die Hände. Es geht um wirkliches Elend und wirkliche Armut, und es geht darum, dass durch die Praktiken der Globalisierung zunehmend ganze Bevölkerungsgruppen ausgegrenzt werden von Wohlstand und dem Gefühl, einen Platz in der menschlichen Gesellschaft zu haben. Diesen Problemen und den Bedürfnissen der Menschen müssen wir uns zuwenden.

Alle Terroristen haben sich einem »Gott«, sei er religiöser, politischer oder intellektueller Natur, verschworen.

Gleichzeitig gilt es zu erkennen, dass es bei dem Terror und der Gewalt um das Mörderische der Identitätslosen geht, egal ob diese ihre Ziele als religiös, nationalistisch oder im Namen einer anderen Ideologie heiligsprechen. Auch wenn es nicht offensichtlich ist: Alle Terroristen haben sich einem »Gott« verschworen. Dieser kann religiöser, aber auch politischer oder intellektueller Natur sein. Entscheidend dabei ist, dass Menschen ohne Inneres ständig auf der Suche nach einer überhöhten Macht sind, der sie sich unterwerfen können, eben weil sie kein Eigenes haben. Dabei kann es sich durchaus um gebildete Menschen handeln, wie es ja auch bei den Terroristen des 11. September der Fall war. Die Selbstmordattentäter sind der extremste Ausdruck für das Problem, dass sich Menschen einem göttlichen Führer verschreiben, um ihrer eigenen inneren Leere zu entfliehen.

ERLÖSUNG DURCH FALSCHE GÖTTER

Dieser individuelle Versuch, Erlösung zu finden, zieht sich durch die menschliche Geschichte. Sie ist Ausdruck und zugleich Quelle einer absoluten Hilflosigkeit, die im Grunde der Antrieb für eine positive Lösung sein könnte, niemals aber ist. Denn die Lenkung durch Demagogen ist von Anfang an zum Scheitern verurteilt, weil die Hilflosigkeit ideologisch maskiert und sie immer von Hass begleitet wird – ein schrecklicher Teufelskreis.

Die Erlösungssehnsucht ist Ausdruck und Quelle einer absoluten Hilflosigkeit.

Diese Zusammenhänge sind erkannt worden, zum Beispiel von dem englischen Historiker Norman Cohn. Er schreibt darüber in seinem grundlegenden Werk über die gesellschaftlichen Umwälzungen des Mittelalters: »Revolutionäre Bewegungen der Armen, angeführt von messianischen Gestalten ... nahmen ab Ende des 11. Jahrhunderts zu. Sie ereigneten sich fast alle ... in ziemlich genau abgegrenzten Gebieten ... Es waren Gebiete, in denen die Überbevölkerung überhandnahm und ein rascher wirtschaftlicher und sozialer Wandlungsprozess eingesetzt hatte ... Sie traten nur in Gebieten auf, wo der Lebensstil sich bereits grundlegend von der behäbigen bäuerlichen Kultur unterschied, die während der tausendjährigen Spanne des Mittelalters die herrschende Norm gewesen war.«

Was wir aus den Erwartungen eines Tausendjährigen Reiches lernen können.
Nicht »die Armut und Not und die oft bedrückende Abhängigkeit« waren es, schreibt Norman Cohn, die von sich aus zu der revolutionären Erwartung des Tausendjährigen Reiches geführt hatten. »In einem schwer zu überschätzenden Ausmaß wurde das bäuerliche Leben von gesellschaftlicher Routine, die in Sitte und Brauchtum verankert war, gestaltet und aufrechterhalten ... Die gesellschaftlichen Beziehungen innerhalb des Dorfes waren von Normen bestimmt, die sich zwar von Dorf zu Dorf unterschieden, aber immer von der Tradition sanktioniert waren und durchweg als unverletzlich galten.« *Das Netz der sozialen Beziehungen sorgte dafür, dass eine durchgreifende Orientierungslosigkeit gar nicht erst aufkommen konnte.* Und solange dieses Netz intakt blieb, »konnten weder die anhaltende Armut noch gelegentlich auftretende Gefahrensituationen (ihm) etwas anhaben«. Erst als Europa ab dem 11. Jahrhundert in einem solchen Grade befriedet wurde, dass die Bevölkerung sich vermehren konnte und der Handel sich entwickelte, begann ein Wandel dieser Ordnung einzutreten.

Die sprunghaft angewachsene Bevölkerung flüchtete

zum Teil in die aufstrebenden Handelszentren. So entstand ein städtisches Proletariat. Es ging ihnen nicht besser als den Bauern, doch zusätzlich »litten sie an einer Orientierungslosigkeit. Es gab hier keinen uralten Sittenkodex, auf den sie sich berufen konnten ..., vor allem stand ihnen kein soziales Beziehungsgeflecht zur Seite, wie es die Bauern hatten ... In diesen Bevölkerungsgruppen am Rande der Gesellschaft entstand eine ausgeprägte Neigung, sich einem Laien oder auch einem ehemaligen Klosterbruder oder Mönch als religiöser Führungsfigur zuzuwenden, welche sich nicht nur als heiliger Mann, sondern als Prophet und Retter der Seele oder gar als Verkörperung Gottes ausgab. Gestützt auf Eingebungen oder Offenbarungen, von denen er sagte, sie seien göttlichen Ursprungs, gab ein solcher Führer seinen Anhängern eine verbindende Missionsaufgabe. Die Überzeugung, im Besitz eines Missionsauftrages zu sein und die göttliche Berufung zu einer großen Aufgabe empfangen zu haben, gab den Desorientierten und Gescheiterten ein neues Lebensziel und neue Hoffnung.«

Nicht der Wunsch nach besseren gesellschaftlichen Bedingungen steckt hinter rebellischen Bewegungen, sondern das Bedürfnis, Strukturen festzuschreiben.

Nicht der Wunsch nach besseren gesellschaftlichen Bedingungen steckt hinter solchen rebellischen Bewegungen, sondern das Bedürfnis nach festgeschriebenen Strukturen. Das gilt auch für andere ideologische

Systeme. Diese Erkenntnis unterhöhlt die gängige Auffassung, die auf der Trennung von Ideologie und Persönlichkeit beruht. Das Tragische ist die Wiederholung in der Geschichte. Die Rolle der unzureichenden Identität und ihre Begleiterscheinung, der Hass, sind die Ursachen für den ständigen Amoklauf der Welt.

Zum Beispiel fand der amerikanische Historiker John Bushnell heraus, dass in den Revolutionsjahren 1905 und 1906 die Einheiten der russischen Armee, die ständig meuterten, dieselben waren wie die, die sich an der Niederschlagung der Aufständischen maßgeblich beteiligten. Die Soldaten wechselten in rascher Folge ihr Verhalten und durchliefen innerhalb von zehn Monaten zweimal den kompletten Zyklus von Revolte und neuer Loyalität.

Der unendliche Zyklus von Revolte und neuer Loyalität.

In meinem Buch »Der Wahnsinn der Normalität« wies ich darauf hin, dass dieses wechselnde Verhalten der Soldaten nichts mit ihrer Behandlung oder ihrer politischen Anschauung zu tun hatte. Bushnell veranschaulicht, dass das einzig Ausschlaggebende die gerade akzeptierte Autorität war – nur sie gab dem Selbstgefühl der Soldaten Halt. Glaubten sie, das alte Regime sei am Ende, dann revoltierten sie. Glaubten sie aber, dass es noch Befehlsgewalt habe, dann gingen sie gegen die Zivilisten vor.

Das Bedürfnis nach Strukturen ist kennzeichnend für Menschen, die kein eigenes Selbst haben. Autoritäre Strukturen verleihen ihnen das Gefühl einer Identität, und daher gibt ihnen, solange die Autorität autoritär bleibt, solch ein Gefüge persönliche Bedeutung und Sicherheit. Es ist das Auseinanderbrechen dieser Strukturen, das die angestaute Wut zum Ausbruch bringt. Die Rebellion, die dadurch ausgelöst wird, hat nicht Freiheit zum Ziel, sondern sie will sich neuen Autoritäten oder Strukturen ergeben. Diese erneute Unterwerfung, getrieben von der Angst vor Identitätsauflösung und innerem Hass, bedeutet Erlösung.

Die neue Unterwerfung ist eigentlich die alte.

Die neue Unterwerfung ist eigentlich die alte Unterwerfung, und sie ist umso willkommener, je mehr die neue Autorität der angestauten Wut und Gewalttätigkeit nicht nur freien Lauf lässt, sondern sie auch als heilig deklariert. Zum Führer wird der erkoren, der dies am besten fördert – und nicht der, dem es wirklich um die Freiheit geht. Die Gefahren, die jeder Reformbewegung drohen, könnten auf einen Nenner gebracht werden: Die Ketten der früheren Anpassung an das Schlechte, das man für gut hielt, weil seine Autorität einem ein Sicherheitsgefühl gab, können gesprengt werden. Aber für den Erfolg jeder Revolution, Reform und Erneuerung muss die menschliche Abspaltung vom seelischen Inneren berücksichtigt werden.

»Denn ein nicht auf Autonomie gegründetes Selbst revoltiert nicht, weil sich seine Natur grundlegend ge-

wandelt hat. Es ändert nur die Richtung seiner Gewalttätigkeit. Revolutionen mögen an den Formen der
Knechtschaft etwas ändern oder nicht – an der Knechtschaft selbst ändert sich nichts, solange die Autoritätshörigkeit nicht überwunden wird. Dann wird weiterhin das Böse als das Gute verteidigt, und es findet
keine wirkliche Befreiung des Selbst statt. Erst sie
würde zurückführen zu den wahren Bedürfnissen
nach Liebe und den Teufelskreis der Zerstörung durch-
brechen.« (Arno Gruen 1986)

Wenn aber die Autoritätshörigkeit eine Revolte bestimmt, dann kommt nur zum Ausdruck, was jede
Unterwerfung bestimmt: das Verlangen nach Erlösung durch Identifikation mit einer Autorität. Wenn
die sozialen und wirtschaftlichen Veränderungen alte
Wertvorstellungen zerstören und selbst zur allgemeinen Notlage und Verarmung beitragen, muss sich
der angestaute Hass entladen. Und wenn dann diejenigen, die von inneren moralischen Hemmungen
frei sind, die Erlaubnis erteilen, unter

Wenn ›Liebe‹ und dem Decknamen eines heiligen Auftrags
Hass verschmelzen, zu zerstören und zu erobern, dann wer-
kann der heilige den die letzten Reste des inneren Wider-
Auftrag zur Zerstö- spruchs zwischen Liebe und Hass abge-
rung erteilt werden. schüttelt. Dadurch gibt der Mensch sein

eigenes Selbst auf; er lässt es mit einem berauschen-
den Rachegefühl verschmelzen, das sich als die Liebe
selbst tarnt. Das Verschmelzen wird eben als Liebe

empfunden, denn es wurzelt im Schein der Geborgenheit.

Genau diesen Umstand nutzte beispielsweise der Faschismus aus. Er wandte sich direkt an das Rachegefühl im Menschen und stellte Rache ohne inneren Widerspruch als heilig dar. Was allen Führern ihre Macht verleiht, ist nicht so sehr die Tatsache, dass sie uns ein besseres Leben versprechen, sondern vor allem, dass sie uns von dem inneren Kampf befreien, von dem Widerspruch zwischen Liebe und Hass. Sie liefern uns Feinde, die wir meinen töten zu dürfen.

Das auf Spaltung beruhende Selbst kann seinen Zusammenhalt nicht mehr bewahren, wenn es von sozialen Umwälzungen bedroht ist.

Und zugleich meinen wir, uns dennoch für diesen Hass auf andere und für unsere Rache lieben zu dürfen. Darin besteht die ganze Paradoxie, ja die Pervertierung unserer Gefühle, wenn Menschen meinen, sie könnten den inneren Kampf, den Widerspruch zwischen Liebe und Hass überwinden.

Wenn Menschen sich ihrer Kultur entfremdet haben, weil diese es nicht mehr ermöglicht, ihr Selbst »offiziell« zu definieren, dann kann persönliche »Ganzheit« sich nur noch zeigen, wenn zum Ausdruck kommt, womit dieses Selbst bis zum Rande gefüllt ist: mit Hass. Damals wie heute sprechen ihre Führer niemals den Urgrund des neuen Identitätsgefühls an – noch die mörderische Wut, die davon bestimmt ist. Doch weder die Opfer ihrer Zerstörungswut (in früheren Zeiten bis heute waren und sind es Ungläubige und Juden) noch ihre Unterwerfung unter neue Unterdrücker erlösten die Menschen voller Hass und Rache in irgendeiner Weise. Denn ihre Suche ist blind. Sie suchen einen Weg, ihrem wahren Selbst zu entkommen. Die Flucht vor der echten Auseinandersetzung mit den Ursachen der Misere und den damit verbundenen Schmerzen bedeutet, anderen Menschen Schmerz zuzufügen.

Selbstverständlich spielen bei diesem Prozess äußere Ereignisse eine Rolle. Cohn zeigte für das Mittelalter, wie der Zusammenbruch der Sozial- und Wirtschaftsordnung zum Bedeutungsverlust beim Einzelnen führte. Genau das ist der entscheidende Punkt: Beginnt sich die soziale Struktur aufzulösen, bricht die unterdrückte Wut hervor. Dann offenbaren sich die mörderischen Impulse und das innere Chaos, die nur mittels eines äußeren »Feindes« kanalisiert werden können.

Die Sehnsucht nach einem Führer: Wenn eine Autorität vorhanden ist, der wir uns unterwerfen können, dann unterwerfen wir uns dieser Autorität.

Ein so verfasstes Selbst wird aber auch davon charakterisiert, dass es ebenso schnell wieder »gesunden« kann, wenn die Autorität der sozialen Ordnung wiederhergestellt zu sein scheint. Damit lässt sich das scheinbare Paradox erklären, dass die russische Armee in den Jahren 1905 und 1906 ständig sowohl selbst meuterte als auch der Niederschlagung der Aufstände diente, wie es John Bushnell weiter oben beschrieben hat.

Daran wird sichtbar, dass nicht so sehr der Zerfall der äußeren sozialen Struktur Rebellion hervorruft, sondern dass es darum geht, ob eine Autorität vorhanden ist, der man sich unterwerfen kann. Scheint sie nicht mehr vorhanden zu sein, dann bricht das auf Anpassung gegründete Persönlichkeitsgefüge auseinander. Und so kommt es zum – in diesem Fall wiederholten – Umschwenken, wie Bushnell es sinnfällig darstellte. Die immer vorhandene Bereitschaft zur Gewalttätigkeit richtet sich unmittelbar gegen das, was vorher noch für gut gehalten wurde. Dann wird weiterhin das Böse als das Gute verteidigt. Aber eine wirkliche Befreiung des Selbst findet nie statt.

DIE WAHREN PROBLEME – ARMUT, HUNGER UND ENTWÜRDIGUNG

Und wie ist die Situation heute? Die wahren Probleme der Menschen sind die gleichen wie vor Hunderten und Tausenden von Jahren und bleiben immer noch bestehten – doch heute verschärfen sich ihr Ausmaße von Jahrzehnt zu Jahrzehnt. Es sind Armut und Hunger, Sklaverei, Tyrannei und ständige Kriege, religiöse Intoleranz, Drogen und Habgier. Dabei liegt genau hier die Wurzel allen Übels. Ohne dieses menschliche Elend könnten Hitler, Stalin, Lenin, Mussolini, bin Laden oder die Terroristen des Islamischen Staates (IS) nicht massenweise Anhänger um sich scharen. Es heißt, dass der freie Handel weltweit den Wohlstand fördern soll. Es gibt jedoch genügend Hinweise darauf, dass diese Hoffnung trügt. Während das Wohlstandsverhältnis der reichen zu den armen Ländern vor 100 Jahren noch 10:1 betrug, liegt es heute schon bei 100:1. Hinzu kommt, dass der Anteil der Wohlhabenden an der Weltbevölkerung erheblich gesunken ist, weil die Reichen superreich werden, während die Armen maßlos verelenden. Paul Krugman, der Nobelpreisträger für Wirtschaftswissenschaft, beschreibt in seiner Besprechung von Thomas Pikettys Buch »Das Kapital im 21. Jahrhundert«, dass die schon ungleiche Einkommensverteilung noch ungleicher werden wird. Das Einkommen der meisten amerikanischen Arbeiter ist seit 1970 real nicht gestiegen, hingegen verdienten die 0,1-Prozent-Topverdiener in dieser Zeit 362 Prozent mehr (Krugman 2014). Piketty notiert dazu, es sei »… keine Heuchelei zu groß, wenn sich wirtschaftliche und finanzielle Eliten genötigt fühlen, ihre Interessen verteidigen zu müssen«. Das reichste Prozent der Weltbevölkerung wird einem Oxfam-Bericht zufolge 2016 mehr Vermögen angehäuft haben, als die restlichen 99 Prozent der Weltbevölkerung zusammen.

Das hat weitreichende Konsequenzen: Das schlafende innere Opfer der Benachteiligten wird nach und nach erwachen und damit auch seine Bereitschaft zu destruktiver Gewalt. Es ist so, wie Albert Camus es in seinem Roman »Die Pest« beschreibt: »Dass der Pestbazillus niemals ausstirbt oder verschwindet, sondern jahrzehntelang in den Möbeln und der Wäsche schlummern kann, dass er in den Zimmern, den Kellern, den Koffern, den Taschentüchern und den Bündeln alter Papiere geduldig wartet und dass vielleicht der Tag kommen wird, an dem die Pest zum Unglück und zur Belehrung des Menschen ihre Ratten wecken und erneut aussenden wird, damit sie in einer glücklichen

Stadt sterben.« Das innere Opfer schläft, doch wenn es erwacht, sucht es nach den falschen Göttern, die es erlösen sollen.

Ein älterer Mann in einem kalifornischen Seniorenheim sagte einmal: »Wann immer sich Menschen an jemanden wenden, um erlöst zu werden, geraten sie ins Unglück, egal, ob es sich um Gott oder einen Fremden mit welligem Haar und blauen Augen handelt, es läuft immer auf dasselbe hinaus. Wenn du dich in dem Traum eines anderen verfängst, musst du mit Konsequenzen rechnen.« (Myerhoff) Die Kriege der letzten Jahre wie auch die Racheakte des Islamischen Staates haben gezeigt, dass diese Konsequenzen mit einer immer größeren Gefahr für die Menschheit und ihr Menschsein verknüpft sind.

Es liegt in der Natur der frühesten kindlichen Erfahrungen mit terrorisierenden Autoritäten, dass jene, die den Terror hervorrufen, idealisiert werden. Zu dieser Verdrehung der wirklich erlebten Gefühle kommt es immer dann, wenn ein Zwang zum Gehorsam besteht. Nur deshalb können sich diejenigen, die *Die Paradoxie: Wer Terror hervorruft, wird idealisiert.* sich dem Tödlichen als Lebensziel verschrieben haben, als Götter gebärden und von jenen, die solche Götter brauchen, verlangen, dass sie sich ihnen und ihren Zielen in selbstaufopfernder »Liebe« ergeben. Solche »Götter« gehören zu der Kategorie von Menschen, die es sich zum Ziel gemacht haben, alle anderen auszurotten. Ihnen geht es um das Töten, doch ihre Maske des Menschseins verhindert, dass ihre Anhänger, die mit Leidenschaft eine freiwillige Knechtschaft suchen, dies wahrnehmen. So vereinen sich Menschen ohne Selbst mit denjenigen, die ihren Tod bereits geplant und programmiert haben und bewusst in Kauf nehmen.

Es gibt deshalb kurzfristig nur zwei Möglichkeiten, mit dem Problem umzugehen: Entweder man widmet sich den Bedürfnissen der Menschen, ihrer existentiellen Not und ihrem Anspruch auf Würde. Dies muss dann allerdings ernsthaft und wahrhaftig geschehen und nicht nur als eine durch Posen inszenierte Medienshow. Mit falschen Versprechungen spielt man nur jenen in die Hände, die, da sie dem Tode verschworen sind, ihre der Gewalt gewidmeten Szenarien sehr viel konsequenter und unerbittlicher betreiben.

Die andere Möglichkeit des Umgangs mit dem Problem ist die, welche die Populisten *Unsere Kinder* und Demagogen ergreifen, indem sie *vor dem inneren* Feindbilder genehmigen, um dem inne- *Opfersein schützen.* ren Opfer ein Ventil für seinen Hass, die Minderwertigkeitsgefühle und die Gewalttätigkeit zu bieten.

Langfristig gibt es jedoch nur einen Weg, der aus der Misere führt und eine wirkliche Veränderung bedeutet: *Wir müssen dafür sorgen, dass unsere Kinder so aufwachsen, dass ein inneres Opfersein gar nicht erst entsteht.*

Nur so können demokratische Gesellschaften Bestand haben: indem sie die wahren Bedürfnisse von Menschen erkennen und ernst nehmen, indem sie Kindern eine wahre Kindheit ermöglichen, die sich an eigenen empathischen Wahrnehmungen und Bedürfnissen orientiert. Das ist die Rettung für die Menschheit. Die Zeit drängt. All jene, die dem Leben zugewandt sind, müssen zusammenstehen und es sich zur Aufgabe machen, allen Menschen eine würdige Existenz zu sichern, damit das innere Opfer zurückgedrängt wird. Zum andern müssen wir das Wohl unserer Kinder festigen. Es würde so viel weniger kosten, in das Leben zu investieren, anstatt die erneute Aufrüstung und die nächsten Kriege zu finanzieren. Wir haben keinen anderen Weg als den des Lebens.

Wir haben keinen anderen Weg als den des Lebens.

WAS ENTFREMDET MENSCHEN
VON SICH SELBST?

===

Die Kernfrage der menschlichen Entwicklung ist die nach dem Umgang mit der
eigenen Verwundbarkeit. Hat ein Mensch
sie durchlebt und ihre Nähe zu Vernich-
tung und Tod erfahren? Hat er erkannt,
dass der Tod von äußeren Erscheinungs-

Mit der eigenen Verwundbarkeit umgehen können und das eigene Selbst nicht verleugnen.

formen des Selbst nicht gleichbedeutend ist mit dem
Tod des Selbst? Oder hat er sich dazu entschlossen,
sich zu unterwerfen, um an der Macht teilzuhaben, die
ihn unterwirft? Paradoxerweise muss man den Schrecken des Sterbens durchleben, um lebendig zu sein.
Wer dies nie gewagt hat, wird sich ständig vor dem
Leben fürchten, das er nicht gelebt hat.

Ich will versuchen, dies zu veranschaulichen. Die
erste Diskontinuität in der Entwicklung des Selbst ist
der Übergang von einem Zustand des Selbst, in dem
die Ordnung der Dinge sich nach der Ordnung eines
anderen richtet, über einen angsterfüllten Zustand von
Chaos und Einsamkeit zu einer eigenen Ordnung.
Ronald D. Laing hat in seinem Buch »Das geteilte

Selbst« auf eine interessante Entdeckung Freuds aufmerksam gemacht, die in einer Fußnote von Freuds »Jenseits des Lustprinzips« verborgen ist.

Freud beschreibt das Verstecktspiel eines Kindes, das illustriert, wie die Bewältigung von Leben und Tod abläuft. Es handelt sich um eine Transformation, wenn der Zustand, jemand in den Augen der Mutter zu sein, übergeht in den Zustand, in dem man sich selbst sieht. Dieses Kind war eineinhalb Jahre alt und pflegte die Dinge, derer es habhaft werden konnte, weit weg zu werfen. Es spielte auch gern mit einer Spule, an der ein Bindfaden befestigt war, zog sie aber nicht etwa hinter sich her, sondern warf sie zum Beispiel über den Rand seines Bettchens, um sie mit großem Vergnügen wieder hineinzuziehen. In der Fußnote beschreibt nun Freud eine Entdeckung dieses Kindes: Als die Mutter einmal über mehrere Stunden abwesend war, hatte das Kind ein Mittel gefunden, »sich selbst verschwinden zu lassen. Es hatte sein Bild in dem fast bis zum Boden reichenden Standspiegel entdeckt und sich dann niedergekauert, so dass das Spiegelbild ›fort‹ war.«

Wie das kindliche Versteckspielen die Bewältigung von Leben und Tod veranschaulicht.

Laing führte dazu aus: »Freud schlägt vor, die beiden Spiele als Versuche zu verstehen, die Angst vor einer Gefahrensituation dadurch zu meistern, dass diese immer und immer wieder im Spiel wiederholt wird. Wenn das so ist, dann ist die Furcht, unsichtbar zu sein, zu verschwinden, eng mit der Furcht vor dem Verschwinden der Mutter assoziiert ... Das so banal erscheinende Versteckspiel ist für das Kind ein Weg, sich selbst als eigenständiges Individuum zu erfahren.«

Seit Kampf, Eroberung und Unterdrückung das Leitmotiv unserer Weltzivilisation bilden, wurde alles, was auf empathischen Wahrnehmungen gründet, als schwach eingestuft. Aber dennoch bedeuten diese drei Motive eine dauernde Bedrohung des Männlichen; sie halten uns unter Druck. Angst wird auf diese Weise zum Kern des eigenen Seins: Die Angst, den Erwartungen der Autoritätsperson nicht zu genügen; aber auch die Angst, eigene Gefühle zu haben; und schließlich die Angst, weil Selbstsein bedeutet, ungehorsam zu sein. Dem männlichen Ethos entsprechend muss man so tun, als sei man sich sicher, muss Unsicherheit von sich weisen, Verletzlichkeit verneinen, auch wenn das eigene Tun ständig darauf ausgerichtet ist, nicht verletzt werden zu können. Folglich ist die Angst, verletzbar zu sein, unentwegt präsent; ständig muss man eine Abwehrhaltung einnehmen, denn man fühlt sich ja auch ununterbrochen bedroht. Um sich sicher zu fühlen, darf man andere nicht zu nahe an sich heranlassen, muss Distanz wahren, aber dennoch so tun, als ob Kameraderie, Gleichheit und Team-Spirit vorherrschend seien.

Leid, Schmerz, Trauer wurden aus dem männlichen Bewusstsein verdrängt.

Wie Angst das Sein bestimmt.

Schmerz und Leid als Zeichen von Schwäche zu deuten, verfestigt deren Entwertung und zieht physiologische Konsequenzen nach sich, die sich wiederum in feindlichem Verhalten äußern.

Liebevolle Unterstützung lindern Schmerz und Trauer. Jaak Panksepp wies nach, wie Schmerz und Leid durch liebevolle Unterstützung gelindert werden. Werden Schmerz und Mitgefühl jedoch unterdrückt, weil sie kulturell als Schwäche stigmatisiert sind, verhindert die Schmerzverleugnung, dass Opioide, besonders Endorphine, im Körper freigesetzt werden. Dann aber können Schmerzen nicht gelindert werden. Folglich verschärft sich die Bedingung für die Entwicklung des Machttriebs, denn die daraus erneut resultierende Unsicherheit muss wiederum kompensiert werden.

Schmerz und Trauer wurden zum Anathema, zum Verfluchten der patriarchal geprägten Welt. Die Trias Leid, Schmerz und Trauer wird aus dem Bewusstsein verdrängt und muss, weil sie ständig das Männliche bedroht, unterdrückt werden.

DER TOD ALS ERLÖSER

Es ist kein Zufall, dass die Ideologien, die das Mitgefühl am tiefsten verachten und dem männlichen Mythos von Stärke und Größe besonders hemmungslos huldigen, die faschistischen sind. Jede faschistische Spielart verherrlicht den Tod. Deshalb finden diese Ideen eine so leidenschaftliche emotionale Gefolgschaft. Sie rühren an der Neigung vieler, vom Tod als heroischem Erlöser fasziniert zu sein. Deshalb haben es faschistische Ideologien so leicht, Männer und Frauen für ihre vernichtenden Ziele zu gewinnen. Wenn dieses Bedürfnis nach Erlösung nicht schon vorhanden gewesen wäre, hätte der Faschismus nie so erfolgreich sein können. Auch die Begeisterung, mit der sich heute terroristische Selbstmordattentäter in den Tod stürzen, hat darin seine Wurzeln.

Das Spektrum an Techniken zur kriegerischen Zerstörung hat enorm zugenommen, gleichzeitig lässt sich auch die

Jede faschistische Spielart verherrlicht den Tod.

Die Todessehnsucht ist heute nicht stärker ausgeprägt als in früheren Zeiten. Jedoch haben sich die Möglichkeiten ihrer Realisierung vervielfältigt.

Tatsache, dass solche Handlungen auf den Tod abzielen, durch den Einsatz moderner Medien sehr viel besser verschleiern. Dabei sind es immer hehre Motive, hinter denen Kriegstreiber ihre Mordlust verbergen. Der Krieg, der im Namen der Freiheit geführt wird, ist hier genauso ein Beispiel wie ein Feldzug für Gott.

Wir dürfen uns nicht blenden lassen von falschen Gefühlen. Selbst die Nazis haben sich nicht gescheut, von der inneren Qual des Mordens zu sprechen. Heinrich Himmler, Reichsführer der SS, sagte im Oktober 1943 vor SS-Gruppenführern in Hinblick auf die Judenvernichtung: »Von euch werden die meisten wissen, was es heißt, wenn hundert Leichen beisammen liegen, wenn fünfhundert oder tausend da liegen. Dies durchgehalten zu haben und dabei – abgesehen von Ausnahmen menschlicher Schwächen – anständig geblieben zu sein, das hat uns hart gemacht.« (Arno Gruen 1987)

Ein Bewusstsein, etwas Entsetzliches zu tun, ist hier durchaus noch vorhanden, es wird jedoch umgeleitet in ein Selbstmitleid, das immer zentraler Bestandteil der zur Schau gestellten Gefühle ist. *Selbstmitleid verhindert die empathische Wahrnehmung des Leids, das man anderen zufügt. Und es verschafft dem Täter das Gefühl, zu der Tat berechtigt zu sein.* Himmler gelang es auf subtile Weise, die tatsächlichen Opfer als »Täter« und

Wie Selbstmitleid zum Morden führt.

66

die Täter als »Opfer« erscheinen zu lassen. In dieser zynischen Verdrehung waren die Mörder dazu aufgerufen, sich heldenhaft der grauenvollen Aufgabe zu stellen, die ihnen die Opfer selbst aufgenötigt hatten. So wurden auch denen, die noch zögerten, letzte Zweifel ausgetrieben. Die Frage, ob das Töten legitim sei, musste so nicht mehr gestellt werden.

Vor diesem Hintergrund wird das, was wir normalerweise als »mutig« bezeichnen, als Feigheit entlarvt: Gewalt ist immer ein Weglaufen vor dem wahren Schmerz, der seit unserer Kindheit in uns lauert. Die Angst davor ist so groß, dass viele lieber die Selbstzerstörung in Kauf nehmen als sich damit zu konfrontieren.

Gewalt bedeutet immer vor dem wahren Schmerz wegzulaufen.

In unserer Kultur ist jeder von dieser Problematik betroffen, die einen mehr, die anderen weniger, je nach Ausmaß der Beschädigung, die wir in unserer Kindheit erfahren haben. Gewalt und Terror haben hier genauso ihren Ursprung wie die alltägliche Beziehungslosigkeit, unter der viele leiden. Sich einem gleichgestellten Partner zu öffnen hieße ja, die Fassade aufzugeben und zu wahren Empfindungen vorzudringen. Mit dem Schmerz und den Minderwertigkeitsgefühlen, die damit auch zum Vorschein kämen, wollen sich jedoch nur wenige konfrontieren.

Das folgende Beispiel zeigt, wie die Verwerfung der eigenen Gefühle und eine daraus resultierende Identifikation mit dem männlichen Heldenmythos zum tödlichen Spiel werden können.

»HÖHER KANN KEIN MENSCH LEBEN ALS WIR« – DER FALL CLARA

»Liebste Mutti, es ist fast komisch, dass es Ostern wird, auch im Jahr des Unheils 1945. Zwar ist der Brückenkopf, der uns sicherte, nun weg. Aber dennoch wird es noch eine Weile dauern. ... Sieg oder tot! Wir schaffen es ja zuletzt doch noch. Unser Leben ist im Augenblick derart schön, dass Du es nicht glauben wirst und auch nicht vorstellen kannst. Der Frühling so schön. Der Krieg so nah. Alles Leben gesteigert.« Als die 24-jährige Clara S. diese Zeilen schreibt, ist ihr Schicksal bereits besiegelt. Stettin, wo sich die BDM-Führerin in einem illustren Kreis höherer Hitlerchargen aufhält, versinkt in Panik und Chaos. Die Wehrmacht hat den Ort preisgegeben, die Rote Armee steht vor den Toren. Fast alle Frauen und Kinder haben die Stadt verlassen. Doch Clara, die dem Führer leidenschaftlich ergeben ist, hat gefunden, was sie immer gesucht hat: eine große Aufgabe, ein heroisches Ziel. Auch die Tatsache, dass um sie herum Menschen ermordet werden,

Das heroische Ziel, der Rausch des Todes wird als gesteigertes Lebensgefühl und »wahres Leben« interpretiert.

scheint ihr gesteigertes Lebensgefühl nicht weiter zu beeinträchtigen. Sie weiß, dass es auch für sie zu Ende geht, trotzdem schreibt sie an ihre Mutter: »Ich fühle mich so sicher wie nie … Es ist nicht Übermut, es ist Freude an der Arbeit und Erfüllung an so vielem, das jahrelang Sehnsucht war. Höher kann kein Mensch leben als wir.« als wir.« (Wiborg)

Hier beschreibt eine junge Frau, was es mit dem Heldenmythos wirklich auf sich hat. Der Rausch der Größe, der zum Tod führt, wird als »wahres Leben« interpretiert. Der Tod verspricht für solche Menschen die größte Sicherheit, weil er sie von nagenden Zweifeln und Minderwertigkeitsgefühlen wegen der eigenen Unzulänglichkeit befreit. Das gilt genauso für Frauen, die ihr Selbst auf dem männlichen Mythos aufbauen.

WAHRE KRAFT ENTSTEHT DURCH DAS ERLEBEN VON LEID UND SCHMERZ

Mit Kraft hat dieses Machthaben nichts zu tun. Wahre Kraft entsteht durch das Erleben von Leid und Schmerz. Nur durch Leid und Schmerz lässt sich erfahren, dass Sicherheit ein Zustand in uns selbst ist, eine innere Kohärenz, die auch dann bestehen bleibt, wenn wir schwach und hilflos sind.

Dieses Gefühl, das auf einem Sich-Selbstsein beruht, kann ein Mensch nur entwickeln, wenn er als Kind liebevoll in seinem Schmerzerleben begleitet wurde. Nur durch eine solche einfühlsame und teilnehmende Beglei- *Kinder liebevoll in ihrem Schmerz-erleben begleiten* tung ist es dem Kind möglich, seinen Schmerz zu erleben und die Erfahrung zu machen, dass dieser nicht tötet. Erst aus diesem Erleben erwächst ein Gefühl der Stärke, das von Dauer ist und sich nicht immer wieder im Wettstreit mit anderen beweisen muss. Eine solche innere Kraft ist wiederum Grundlage für unsere Fähigkeit, am Mitgefühl für andere festzuhalten. Gleichzeitig verstärkt unsere Fähigkeit zum Mitgefühl auch unsere innere Kraft. Wir erfahren auf diese Weise, dass wir anderen etwas geben können und dass auch Altruismus eine Quelle der Kraft ist.

Altruismus ist eine Quelle der Kraft.

DIE ATTENTÄTER VON PARIS –
DIE BRÜDER KOUACHI UND
AMEDY COULIBALY

Wenn das Eigene des Kindes in diesem Prozess jedoch abgespalten wird, verkümmert es. Wenn die Fähigkeit zur empathischen Wahrnehmung durch Gehorsamkeitserziehung und autoritäre Gewalt unterdrückt wird, entwickeln solche Kinder eine ausgeprägte Scheu vor neuen Situationen und fremden Menschen. Sie neigen zu aggressivem Verhalten und stehen ständig unter Stress, was sich auch durch ein permanent erhöhtes Niveau des Stresshormons Cortisol im Blut nachweisen lässt (Hotz). Solchen Menschen ist es nicht möglich, mit anderen mitzufühlen oder deren Schmerz nachzuempfinden. Sie haben sehr früh gelernt, ihren eigenen Schmerz als Schwäche einzustufen. Mehr noch: Sie können mit dieser Erfahrung nur leben, wenn sie diesen schwächenden Schmerz von sich fernhalten und ihn anderen zufügen, um in diesem die eigene Schwäche zu bestrafen.

Die Abspaltung des Eigenen

Die Attentäter des Pariser Terroranschlags vom 7. Ja-

nuar 2015, die Brüder Saïd und Chérif Kouachi, und
Amedy Coulibaly, sind Beispiele dieser schrecklichen
Begebenheiten mit dem verneinten Schmerz. Die Brüder, aus einer algerischen Familie stammend, verloren
ihren Vater, als sie etwa zehn Jahre alt waren. Darauf-
hin gab die Mutter beide in ein Heim, weil sie sich
überfordert fühlte. Bald danach starb sie. Beide Brüder
waren weitere 6 Jahre in diesem Heim untergebracht
(Christine Brand). Später lebten sie in Paris, waren des
Öfteren arbeits- und obdachlos und hielten sich mit
Gelegenheitsjobs über Wasser.

Ihr damaliger Anwalt nannte sie orientierungslos
und hielt sie für die perfekten Anhänger jeglicher
autoritärer Gruppe, die ihnen Wahrheiten verspricht,
wie es beispielsweise radikale islamistische Prediger
tun.

Aber genau das ist die Problematik aller, die den
Schmerzen ihrer Lage schon als Kinder nicht gewach-
sen waren: Sie mussten ihre Schmerzen unterdrü-
cken, um in einer Welt, die von Demütigungen und
herzlosem Wettbewerb geprägt ist, nicht unterzugehen. Der Verlust der Eltern und der Verstoß seitens der
Mutter können dies nur verstärkt haben. Das Resultat
sind Menschen ohne Zugang zum eigenen Schmerz
und ohne Beziehungsfähigkeit. Und ohne die menschliche Fähigkeit, Beziehungen aufzunehmen und zu leben, verwandelt sich diese Wut der Gedemütigten
ganz leicht in destruktive Aggression.

Das Leben von Amedy Coulibaly, aus einer Familie aus Mali stammend, entwickelte sich nicht viel anders: Mit 18 Jahren wurde er für Drogenhandel und Raubüberfälle verurteilt und als notorischer Krimineller eingestuft. Seine Beziehungslosigkeit – verdeckt durch die »Bekehrung« zum Islam – ist der Hintergrund seines mörderischen Vorgehens, als er eine Pariser Polizistin erschoss, danach Kunden in einem jüdischen Supermarkt als Geisel nahm und vier Personen von ihnen tötete.

Der dritte Attentäter von Paris: Amedy Coulibaly.

Seine Gewalt rechtfertigte er mit dem Anspruch, den wahren Glauben zu vertreten. Es sind die Führer, die sich anmaßen, Autorität auszuüben, die solchen beziehungslosen Menschen einen scheinbaren Halt über sich selbst geben, denn sie erlauben diesen Orientierungs- und Beziehungslosen, ihre Wut und ihren verleugneten Schmerz in Morden auszuüben. Nicht der Islam befindet sich im Krieg mit dem Westen, sondern das Mörderische dieser Identitätslosen.

Nach einer Studie von General Samuel I. Marshall benutzten nur 20 Prozent der amerikanischen Soldaten im Zweiten Weltkrieg während eines Gefechts ihre Waffen. Ein ähnliches Verhalten zeigte sich in der Schlacht von Gettysburg im Jahre 1863, über die Marshall schreibt: »Das normale und gesunde Individuum hat einen so großen inneren und meis-

Menschen morden nicht so einfach wie diese Attentäter.

tens unerkannten Widerstand, einen anderen Menschen zu töten, und würde einem anderen nicht aus eigenem Willen heraus das Leben nehmen«. Dies bedeutet, dass es eine Minderheit ist, die ihren Schmerz nicht nur verleugnen muss, sondern ihn auch ohne inneren Widerspruch an andere, die sie als Unmenschen einstuft, weitergibt und diese Menschen durch Mord auslöscht. Sie verneinen ihre mörderischen Absichten, indem sie sich hinter einer Ideologie – in diesem Fall einer Religion – verschanzen. Daher ist es so wichtig, dass wir die friedliche Mehrheit der Muslime als Verbündete im Kampf gegen diese Gewalttäter anerkennen. Dadurch werden wir unsere Demokratien stärken (Ian Buruma).

Die Lüge der Terroristen zeigte sich schon im April 2012, als sie in Toulouse zwei muslimische Unteroffiziere im Namen des Propheten töteten. Diese muslimischen Opfer wurden von ihrem Oberst als Soldaten beschrieben, die von ihrem Recht Gebrauch gemacht hatten, fünfmal am Tag zu beten (Alfred Grosser).

Die Lüge dieser Terroristen besteht darin, im Namen des Propheten Anti-Islamisten hinzurichten.

Der Strom der Menschen, der sich in Paris am 11. Januar 2015 in Richtung Place de la République ergoss, war eine Demonstration des Widerstandes gegen Mord. Es war ein Protest der Empörung gegen den Terrorismus und seine Drahtzieher. Zugleich war es ein Protest gegen den Hass, der als Schande gegen die menschliche Existenz wahrgenommen werden muss. Das allein ist eine Waffe gegen den Terrorismus, die unterschätzt wird.

DIE »ENTDECKUNG DES TODES«

Es ist wichtig zu erkennen, dass die Verneinung von Schmerz und auch Leid als Zeichen von Schwäche physiologische Konsequenzen nach sich zieht. Diese äußern sich in feindlichem Verhalten.

Jaak Panksepp wies nach, wie Schmerz und Leid durch liebevolle Unterstützung gelindert werden. Werden Schmerz und Mitgefühl jedoch unterdrückt, weil sie als Schwäche erlebt werden, dann verhindert die Schmerzverleugnung, dass Opioide, besonders Endorphine, im Körper freigesetzt werden. Dann aber können Schmerzen nicht gelindert werden. Folglich verschärft sich die Entwicklung von Machttrieben, weil die resultierende Unsicherheit kompensiert werden muss. Schmerz und Leid werden so zum Anathema der machogeprägten Welt. Leid, Schmerz und auch Trauer müssen aus dem Bewusstsein verdrängt werden, weil sie das »Männliche« bedrohen.

Verhindern wir, dass unsere Kinder sich rettungslos verloren fühlen, damit sie nicht zu Menschen ohne Selbst werden müssen.

Die französische Kindertherapeutin Françoise Dolto spricht in diesem Zusammenhang von der »Entdeckung des Todes«. Sie bezieht sich dabei auf die absolute Hilflosigkeit, die ein Säugling durchmacht, wenn seine Erwartungen und Reaktionen unbeachtet bleiben. Ein Kind verliert seinen Lebensmut und verfällt in Apathie, wenn Eltern nicht adäquat auf seine Bedürfnisse eingehen, wenn sie seine Gefühlswelt übergehen und es kein Echo bei den Bezugspersonen erfährt. Sie hören auf, sich weiterzuentwickeln, selbst wenn ihre Bedürfnisse nach Nahrung, Schlaf und Sauberkeit gestillt werden und sie organisch gesund sind. Im Extremfall führt dieser seelische Mangel zum Tod, wie die amerikanische Kinderärztin Margaret Ribble schon 1943 bei ihren Beobachtungen von Waisenkindern feststellte.

So rettungslos verloren kann sich ein Kind nur fühlen, wenn seine Eltern nicht in der Lage sind, ihm in seiner Hilflosigkeit und seinem Schmerz Halt zu geben, indem sie es einfühlsam begleiten. Unter solchen Voraussetzungen kommt eine Entwicklung in Gang, in der Hilflosigkeit zu einer Todesbedrohung wird. Für das Kind geht es in dieser Situation um Leben oder Tod; es muss versuchen, dem Sterben zu entkommen. Aus der Säuglingsforschung wissen wir, dass ein Kind, das ohne Liebe und Zuwendung ist, sterben kann. Verhindern wir, dass unsere Kinder sich rettungslos verloren fühlen, damit sie nicht zu Menschen ohne Selbst werden müssen.

Der Zwang, Feinde finden zu müssen, um den inneren abgewiesenen Teil außerhalb von sich selbst zu finden.

Solche Menschen halten es, wenn sie erwachsen werden, immer mehr für notwendig, Feinde zu finden, um den inneren abgewiesenen Teil außerhalb von sich selbst zu finden, um ihn zu bestrafen und auch zu töten. Sie sind unfähig, wie schon beschrieben, sie selbst zu sein und werden leicht zur Beute von Autoritäten, die versprechen, sie aus ihren Ohnmachtsgefühlen zu retten. Sie haben keinen Zugang zum Mitmenschlichen und können deswegen, wie Michel de Montaigne es schon im 16. Jahrhundert bemerkte, »nicht für andere leben und deswegen auch kaum für sich selber«. Deswegen ihre mörderische Gefahr.

DANKSAGUNG

Während meines Schreibens hielt mich meine Frau Simone immer wieder davon ab, ins Abstrakte zu entweichen, so dass ich beim Lebendigen und Aktuellen blieb. Ferner möchte ich Johannes Czaja für das Lektorat danken, mit dem er mein Schreiben begleitet.

BIBLIOGRAPHIE

ARON, R.: The Opium of the Intellectuals, Transaction Publishers: Somerset, N. J. 2001 (dt. Opium für Intellektuelle oder Die Sucht nach Weltanschauung. Köln/Berlin 1957).

BIN LADEN, O.: Interview Dezember 1998, al-Jazeera Television, zitiert in: New York Review of Books, 15. November 2001.

BRAND, C.: »Wie drei Männer zu Terroristen wurden«. NZZ, Sonntag 18. Januar 2015.

BURUMA, I.: Zwei Provokateure, eine Gewalt. Charlie und Theo. In: NZZ vom 24. Januar 2015.

BUSHNELL, J.: Mutineers and revolutionaries. Military revolution in Russia, 1905–1907. Ph. D. Indiana University Ann Arbor 1977.

BUSHNELL, J.: Mutiny amid repression. Russian soldiers in the revolution of 1905–1906. Bloomington: Indiana Univ. Press 1985.

CAMUS, A.: Die Pest, Rowohlt: Hamburg 1950.

COHN, N.: Das Ringen um das Tausendjährige Reich. Revolutionärer Messianismus im Mittelalter und sein Fortleben in den modernen totalitären Bewegungen, Aus dem Engl.: The pursuit of the millennium Franke: Bern 1961.

COX, M.: »I Took a Life because I Needed one«: Psychotherapeutic Possibilities with the Schizophrenic Offender-Patient, in: Psychotherapy and Psychosomatics, 1982, 37.

DOLTO, F.: Über das Begehren. Die Anfänge der menschlichen Kommunikation. Stuttgart: Klett-Cotta 1988.

FANON, F.: Die Verdammten dieser Erde. Frankfurt am Main, Suhrkamp 2001.

FLETCHER, M.: Dann rief er an und sagte »Heute!«, in: Geo, 11. November 2001.

FOLLATH, E. und LATSCH, G.: Der Prinz und die Terror GmbH, in: Der Spiegel, 15. September 2001;

FOLLATH, E. und LATSCH, G.: Gottes eigene Krieger, in: Der Spiegel, 8. Oktober 2001.

FREUD, S.: Jenseits des Lustprinzip. Band 15 der Gesamtausgabe, S. Fischer, Frankfurt a. M. 1969.

GROSSER, A.: Muslime am Pranger, NZZ am Sonntag 18.01.2015.

GRUEN, A.: The Discontinuity in the Ontogeny of Self. Possibilities for Integration or Destructiveness, in: Psychoanalytic Review, 1974/75, 61, 4.

GRUEN, A.: Der Wahnsinn der Normalität. München, dtv 1987.

GRUEN, A.: Der Fremde in uns, Stuttgart, Klett-Cotta, 2000.

HENRY, J.: Culture against Man, Vintage: New York 1963.

HOTZ, R. L.: Neglect Harms Infants' Brains. In Los Angeles Times 28. Oktober 1997.

KAARNA, SHARIF (Ramallah) und MEHARI, ARIEL (Tel Aviv), zitiert in BORN, H.: Ich würde es tun, in: Tages-Anzeiger, Magazin (Zürich), 26. Oktober 2001; Shalit, B.: The Psychology of Conflict and Combat, Praeger: New York 1988.

KRUGMAN, P.: Why We're in a New Gilded Age. In: New York Review of Books. May 8, 2014.

KÜTEMEYER, WILHELM: Die Krankheit Europas. Beiträge zu einer Morphologie. 1.–3. Aufl. Berlin u. a.: Suhrkamp 1951.

LAING, RONALD D.: Das geteilte Selbst. Eine existentielle

Studie über geistige Gesundheit und Wahnsinn. München: dtv 1987.

LE CARRÉ, J.: Der Krieg ist längst verloren, Frankfurter Allgemeine, 17. Oktober 2001 (engl.: We have already lost. Globe and Mail, 13. Oktober 2001).

LÖPFE, P.: Handel und Gerechtigkeit, in: Tages-Anzeiger (Zürich), 10. November 2001.

LUCHENI, L.: Ich bereue nichts. Die Aufzeichnungen des Sissi-Mörders, Zsolnay: Wien 1998.

MANTELL, DAVID MARK; BERMANN, TAMAR: Familie und Aggression, Frankfurt a. M. 1972 [True Americanism.].

MANVELL, ROGER; FRAENKEL, H.: Incomparable crime, the: New York; G. P. Putnam'S Sons 1967.

MARSHALL, S. L. A. Men Against Fire: The Problem of Battle Command in Future War. Washington: Infantry Journal; New York: William Morrow, 1947.

MILLER, H.: The Time of the Assassins. A Study of Rimbaud. Preface, New Directions, New York 1956.

MILLS, C. W.: Die amerikanische Elite, Holsten: Hamburg 1962.

MONTAIGNE, MICHEL DE: Essais. Manesse, Zürich 2000.

MUSIL, R.: Fragen der Zeit. Politik in Österreich [1913], In: Gesammelte Werke, Bd. 8. Reinbek b. Hamburg. 1992.

MYERHOFF, B.: Number Our Days, Simon and Schuster: New York 1978.

OXFAM: Working for the few. Political capture and economic inequality. http://www.oxfam.de/sites/www.oxfam.de/files/bp-working-for-few-political-capture-economic-inequality-200114-en-oxfam.pdf.

PANKSEPP, J.: Feeling the Pain of Social Loss, Science, 302, 2003, S. 237–239,

PIKETTY, T.: Capital in the Twenty-First-Century. Belknap

Press/Harvard University 2014 (dt.: Das Kapital im 21. Jahrhundert. C. H. Beck, München 2015.

RAMONET, I.: Globalitäre Regime, in: Le Monde diplomatique 1. Januar 1997.

RIBBLE, M.: The Rights of Infants. New York, Columbia University, 1943.

RIEDL, J.: Stadt ohne Eigenschaften, in: Zeit Magazin, 29. März 1985.

SAMPSON, R. V.: The Psychology of Power, Pantheon: New York 1966.

SCHNEIDER, P.: Besser tot als feige. In: Der Spiegel 37/2001, 10. September 2001.

SCHOLL, I.: Die Weiße Rose. (Zweites Flugblatt), Frankfurt a. M. 1982

SOYINKA, W.: Die Last des Erinnerns, Patmos: Düsseldorf 2001.

TRIPPEL, K.: Unnachgiebig und rücksichtslos, in: Geo, 11. November 2001.

WERTZ, A.: Tagsüber Helden und nachts Bettnässer, in: Tages-Anzeiger (Zürich), 15. April 1995.

WIBORG, S.: Claras Untergang Die Zeit Nr. 17/2005 vom 21. April 2005.

WINNICOTT, D. W.: Some Thoughts on the Meaning of the Word on Democracy, in : Human Nature, Bd. III, 1950.

YARMOLINSKI, A.: Road to Revolution. A Century of Russian Radicalism, Collier: New York 1962.

Arno Gruen
Der Fremde in uns

238 Seiten, gebunden mit
Schutzumschlag
ISBN 978-3-608-94282-8
€ 19,– (D) / € 19,50 (A)

Fremdenhass hat immer mit Selbsthass zu tun

Der Fremde in uns, das ist der uns eigene Teil, der uns
abhanden kam und den wir zeit unseres Lebens, jeder
auf seine Weise, wiederzufinden versuchen. Manche tun
dies, indem sie mit sich selbst ringen, andere, indem sie
andere Lebewesen zerstören.
Ziel ist es, die zerstörerischen Anteile wie panische
Angst, blinden Haß, besonders den Haß auf Fremde,
zurückzudrängen, bevor sie übermächtig werden.
Gruen macht Mut, den eigenen unbekannten Kontinent
der Gefühle zu erforschen. Es gilt Einsichten zu gewinnen, die das eigene mitmenschliche Handeln leiten.
Das Buch ermutigt den Leser, sich dafür täglich – privat
und öffentlich – zu engagieren.

Klett-Cotta